Yin Yoga para principiantes

Ejercicios suaves y asanas sencillas para menos estrés, más relajación y salud integral

Mira Steen

CONTENIDO

Qué puedes esperar de este libro

Baños relajantes, lectura de libros, tés calmantes, lavanda, paseos, respiración profunda: ¿te suenan familiares estas ayudas en tu búsqueda de más equilibrio interior y en el camino hacia un mayor equilibrio? ¿Te irritas a menudo con facilidad en la vida cotidiana y desearías poder reaccionar con más calma ante muchas situaciones? ¿Te tumbas a menudo en la cama por la noche y te preguntas cuándo podrás por fin calmarte y conciliar el sueño? Entonces esta guía puede ayudarte. Analiza en profundidad un tipo de yoga que calma el cuerpo y la mente y relaja el alma. El yoga yin contrasta con el ritmo a menudo frenético de la vida cotidiana, dominada por el yang. Pruébalo y encuentra tu propio ritual diario que siempre te haga ilusión y que no sólo sea bueno para la salud de tu cuerpo, sino que también te aporte la paz y la armonía interior que tanta gente anhela hoy en día.

Descubramos juntos los beneficios del yin yoga y profundicemos en el tema. Comprende el trasfondo y aplica la práctica inmediatamente en casa para que puedas volver a ser más uno contigo mismo desde el primer contacto con este tipo de dejar ir y afrontar así las pequeñas y grandes aventuras de la vida con más amor propio y satisfacción. Respira hondo y ¡adelante!

Un poco de teoría es imprescindible

YOGA: ¿QUÉ ES EN REALIDAD?

Describir la historia, las formas y las tendencias del yoga en general llenaría sin duda varios libros en sí mismo, pero hazte esta sencilla pregunta: ¿cómo explicarías a alguien en pocas palabras qué es el yoga? No es tan fácil, aunque la palabra se haya convertido en parte integrante de la salud y el estilo de vida. El yoga es una enseñanza filosófica antigua (aprox. 3000-4000 años) y tiene su origen en la India. Las raíces de la filosofía del yoga se encuentran en el hinduismo y, en parte, también en el budismo. El objetivo es armonizar el cuerpo y la mente.

Esto no sólo se fomenta con numerosas actividades físicas diferentes, sino que también se apoya con diversos ejercicios de respiración y meditaciones. El yoga te enseña a aceptarte, a estar completamente contigo mismo y a experimentar el amor propio, la armonía y la felicidad. El objetivo también es reducir el estrés, recargar las pilas y practicar la atención plena y la autoconciencia. Más de 300 millones de personas en todo el mundo practican este deporte espiritual, y el yoga fue incluso reconocido como patrimonio cultural inmaterial de la humanidad en 2016. Existen unos 130 tipos diferentes de yoga y el campo evoluciona constantemente. A continuación, sin embargo, sólo nos centraremos en un tipo de yoga, una de las variantes más suaves, que también es muy adecuada para introducirse en el mundo del yoga: el yin yoga.

ORIGEN DEL YIN YOGA

Este tipo especial de yoga tiene sus raíces en la década
de 1980. El Yin Yoga fue desarrollado por el estadouni-
dense Paulie Zink a partir de otros tipos de yoga, como
el Hatha Yoga y el Tao Yoga, y perfeccionado por su
alumno, Paul Grilley, y la alumna de éste, Sarah Po-
wers. Esta última también dio nombre al Yin Yoga.

YIN Y YANG - QUE SIGNIFICA

Yin y yang, blanco y negro, la descripción de dos opuestos de la que todo el mundo ha oído hablar. Me viene
a la mente el símbolo circular blanco y negro, que pare-
cen dos lágrimas entrelazadas. Cada una de ellas tiene
un punto de color opuesto en el centro. En la filosofía
china, este símbolo se utiliza para explicar las dos corrientes complementarias de la vida, las dos energías
complementarias. Yang - la luz, activa, en movimiento,
el día, el sol. Yin - lo oscuro, pasivo, tranquilo, la noche,
la luna. Este emparejamiento de opuestos podría con-
tinuar sin fin. Lo sorprendente, sin embargo, es que
siempre se trata de componentes que no son completamente excluyentes, sino que, al contrario, son mutua-
mente dependientes. En otras palabras, uno no existiría

sin el otro. Ambos son necesarios para el equilibrio y el balance. Este simbolismo también puede aplicarse al cuerpo y la mente humanos. Por un lado, las regiones del cuerpo pueden dividirse en zonas yin y yang. Por ejemplo, los pulmones, el corazón, el hígado, los riñones y todo lo que hay dentro del cuerpo pertenecen a la zona yin, mientras que la vejiga, los intestinos, la vesícula biliar y las capas externas del cuerpo, incluida la piel, pertenecen a la zona yang. La Medicina Tradicional China (MTC) utiliza esta categorización para explicar la estructura y también los cambios patológicos y su curación, así como las funciones fisiológicas del cuerpo humano. Sin embargo, este tema iría demasiado lejos aquí y no debería seguir tratándose.

Sin embargo, también puede hacerse una distinción entre las actividades más orientadas al yin y las más orientadas al yang en términos de actividad física. La armonía y el equilibrio de ambas fuerzas son los objetivos de diversas prácticas de yoga. El yang se entrena mediante ejercicios dinámicos, más centrados en los músculos (Ashtanga yoga, por ejemplo), mientras que el yin se caracteriza por permanecer en determinadas posturas durante más tiempo. En el yin yoga, los músculos se utilizan menos y los ejercicios se realizan más en conjunción con la gravedad y el estiramiento de la fascia y los tendones. Equilibrio es la palabra mágica.

> *"El yin yoga es necesario para equilibrar nuestra cultura cargada de yang".*
> *Paul Grilley (fundador del Yin Yoga)*

¿POR QUÉ YIN YOGA?

En los tiempos que corren, hay tantas opciones de deportes y actividades como excusas para no iniciarse en ellos. Pero, ¿por qué deberías elegir el yin yoga? ¿Porque está "de moda" o porque quieres tener algo que decir si sale el tema en una fiesta o entre colegas?

Desde luego, éstas no son razones que conduzcan a una práctica duradera y sostenible del Yin Yoga. Pero pregúntate: ¿qué puedo hacer por MÍ? ¿Qué es bueno para mí, para mi cuerpo y para mi mente? ¿Cómo puedo reducir el estrés (y seamos sinceros, todo el mundo puede enumerar de memoria una serie de factores estresantes en su vida, por muy diferentes o supuestamente insignificantes que sean)? O bien: ¿Cómo puedo conseguir ser más equilibrado y menos irritable? ¿Te suenan las preguntas así o algo parecido cada vez más a menudo en la cabeza? Entonces es bastante seguro que practicar Yin Yoga te ayudará.

Por tanto, la motivación debe venir de dentro. Tienes que tomar tú mismo la decisión de querer cambiar algo y volverte activo para mejorar tu propio bienestar. El objetivo es mejorar tu propia calidad de vida y beneficiarte en cierta medida de la serenidad y el equilibrio adquiridos en tu vida cotidiana.

Aquí tú eres el protagonista. El yin yoga es un tipo de yoga lento, con asanas (posturas) en las que pasas mucho tiempo, normalmente sentado o tumbado. Esto te permite sentir tu propio cuerpo y calmarte. El sistema nervioso se calma automáticamente y te sientes tranquilo, equilibrado y relajado después de una sesión de yin yoga. Por tanto, es beneficioso para el alma y la mente. Sin embargo, su práctica regular también aporta otros beneficios físicos, como una mayor flexibilidad y unos músculos más fuertes. Probablemente también hayas oído hablar del entrenamiento de la fascia. Fascia es el nombre que reciben las capas más profundas de tejido conjuntivo del cuerpo. Envuelven todos los músculos, huesos, tendones y órganos, y son de gran importancia para la postura y la estabilidad, así como para sostener el trabajo muscular.

La falta de ejercicio, el estrés o la sobrecarga pueden hacer que la fascia se endurezca, se pegue o se retuerza, lo que puede provocar diversos tipos de dolor. El yin yoga se ocupa precisamente de este tejido conjuntivo elástico, permitiéndole relajarse y cumplir sus tareas reales. ¡Si éstas no son todas las razones para empezar muy pronto esta maravillosa forma de yoga!

F ¿PARA QUIÉN ES ADECUADO EL YIN YOGA?

Como el Yin Yoga es menos dinámico, como ya se ha descrito, y se evitan por completo los movimientos bruscos, esta práctica alberga poco riesgo de lesión. Por tanto, también pueden practicarlo personas que puedan tener un mayor riesgo de lesionarse en otros deportes o que ya tengan limitaciones físicas. Los ejercicios individuales para determinadas zonas del cuerpo pueden simplemente omitirse o sustituirse por asanas similares. Además, el equipo necesario se limita a unos pocos artículos, que se comentarán más adelante. No son necesarias compras ni cursos costosos, que a veces pueden disminuir el deseo de realizar la nueva actividad o incluso desanimarte por completo antes de empezar.

La experiencia en otros tipos de yoga es sin duda una ventaja, pero no es necesaria, ya que las asanas individuales se te explican detalladamente para que también puedas practicar yin yoga en casa por tu cuenta sobre la esterilla de yoga. El concepto general de Yin Yoga también ofrece un complemento bienvenido y un gran equilibrio para los entusiastas de otros deportes, que presumiblemente pueden clasificarse como Yang (dinámicos, más activos).

De forma similar al efecto de un rollo de fascia, la práctica del yin yoga estimula el tejido conjuntivo y afloja las adherencias causadas por estar sentado demasiado tiempo o por falta de movimiento, por ejemplo. Si tienes dolencias articulares o de columna, consulta a tu médico sobre los movimientos que debes evitar o los ejercicios que pueden ser especialmente buenos para aliviarte.

Esto también se aplica a las mujeres durante el embarazo. Sin embargo, los ejercicios respectivos siempre pueden adaptarse a las circunstancias y necesidades individuales. También puedes decidir por ti misma en cualquier momento cómo de intensos quieres que sean los ejercicios y descubrir cuidadosamente los límites de tu propio cuerpo. Independientemente de si tus objetivos son mejorar tu forma física o tu flexibilidad, recargar las pilas y las capacidades mentales o relajarte y reducir el estrés, practicando Yin Yoga con regularidad siempre estarás más cerca de conseguirlos.

En general, el yin yoga es, por tanto, adecuado para cualquiera que desee recuperar su equilibrio interior y hacer algo bueno por su cuerpo y su mente. Pero ten cuidado: ¡el tipo de yoga más suave alberga sin duda cierto riesgo de adicción!

¿QUÉ NECESITAS PARA HACER YIN YOGA?

En primer lugar, tienes que sentirte completamente cómoda. Esto significa llevar pantalones cómodos y una camiseta que no sea demasiado ajustada. Tu ropa debe permitirte moverte libremente y calentar el cuerpo al mismo tiempo. Como el Yin Yoga se practica principalmente sentado o tumbado y, por tanto, no implica mucho movimiento extenuante, también puedes ponerte calcetines o puños de lana calientes, por ejemplo.

También te recomendamos el llamado look cebolla, es decir, varias capas superpuestas, para que tengas la opción de quitarte o ponerte la ropa en función de la intensidad del ejercicio. Coloca debajo una esterilla de yoga más blanda para no poner en peligro tu relajación sobre el suelo frío y duro.

Sin embargo, una alfombra también puede ser suficiente para que pruebes los ejercicios por primera vez. Si es necesario, también se pueden utilizar ayudas como bloques de yoga y correas de yoga. Sirven básicamente para reducir la distancia al suelo si al principio estás inmóvil o para facilitar los ejercicios. Sin embargo, no son absolutamente necesarios para iniciarse en el Yin Yoga. Un simple cojín de sofá o una manta doblada tienen exactamente el mismo beneficio. Los factores externos que te hacen sentir bien, como las velas perfumadas, las barritas de incienso, un delicioso té favorito antes o después de la secuencia de yin yoga y la música tranquila, tampoco son absolutamente necesarios, pero pueden ayudarte significativamente a calmarte y desconectar durante los ejercicios.

Simplemente prueba lo que más te convenga con el tiempo o varía según tu estado de ánimo y el humor del día. Sin embargo, un requisito importante para ello es disponer de un entorno tranquilo. Puede ser un lugar de tu casa o, en los meses más cálidos del año, un lugar junto al lago, en el jardín o donde simplemente te sientas bien. Además, una manta puede darte un calor acogedor durante la relajación final o colocarse bajo las rodillas durante los ejercicios individuales para que la postura sea más cómoda.

Como ves, en principio puedes probar los ejercicios del Yin Yoga sin más y sin ningún coste adicional. El mercado de bonitos accesorios de yoga es amplio y puedes encontrar poco a poco tus piezas favoritas, o tal vez prefieras ser purista y concentrarte en lo esencial y crear el entorno necesario con artículos que ya tengas en casa. La elección es tuya y, como siempre, la clave está en el equilibrio: El equilibrio es la clave.

W NOS ACERCAMOS A LA PRÁCTICA

Entonces, ¿cuándo vamos a empezar por fin los ejercicios? Un poco de paciencia: antes de subir a la esterilla, debes comprender lo que es realmente importante en el Yin Yoga. Debes comprometerte plenamente con los ejercicios. Sin duda, al principio te resultará un poco desconocido. Las actividades deportivas se asocian más a menudo con la idea de movimiento y esfuerzo que con la de permanecer en una postura y llegar al reposo, y luego principalmente sentarse o tumbarse. Pero verás recompensada tu curiosidad por algo nuevo con un extraordinario enraizamiento, la sensación de volver a vivir más conscientemente en tu cuerpo y también de mostrarle gratitud. Sumérgete en el maravilloso mundo del Yin Yoga.

Y en Yoga - ¡vamos allá!

"El yoga es un 99% de práctica y un 1% de teoría".

Ahora honraremos esta cita de Sri Krishna Pattabhi Jois, un yogui indio, subiéndonos juntos a la esterilla.

LAS E ASANAS INDIVIDUALES

En el yin yoga hay 25 asanas diferentes, es decir, posturas del cuerpo. Como éstas se mantienen entre tres y cinco minutos, en una sesión de yin yoga sólo se seleccionan y practican unas pocas, en lugar de hacer una larga serie de ejercicios uno tras otro. Por supuesto, depende del tiempo de que dispongas y de lo largo que quieras que sea tu entrenamiento, no hay límites.

A continuación, se presentan las asanas individualmente y se explica claramente su ejecución, así como los efectos positivos sobre el cuerpo y la mente. Después de cada asana, se describe también una postura de equilibrio, que debes adoptar después de soltar la postura, para aliviar la región del cuerpo que acaba de sufrir tensión y sentir el ejercicio realizado. De este modo, el cuerpo alcanza el equilibrio y aprende gradualmente a desenvolverse mejor en esta postura cuanto más a menudo realices estos ejercicios y su compensación.

Los segundos términos mencionados después de los nombres comunes en alemán son los nombres originales en sánscrito de las asanas correspondientes, que también suele utilizar el profesor en las clases de yoga. Para prepararte, coloca los elementos auxiliares que puedas tener al alcance de la mano y asegúrate de que no te molesten desde el exterior durante la práctica de yoga (ruidos fuertes, corrientes de aire, etc.). Después, tómate tu tiempo para familiarizarte con las distintas posturas y tranquilizarte poco a poco. Inspira profundamente por la nariz y disfruta inspirando por la nariz o espirando por la boca con un suspiro audible. No te preocupes por tu aspecto o por cómo suenas durante los ejercicios, sino céntrate únicamente en ti mismo y en tu cuerpo.

Llega a las asanas y siente cómo se sienten las distintas regiones de tu cuerpo, qué ejercicios te resultan ya fáciles o dónde necesitas una práctica regular. Cada cuerpo es diferente y las comparaciones están fuera de lugar aquí. Cada día también es diferente y hacer ejercicio por la mañana puede resultarte más pesado que hacerlo por la tarde, cuando ya has hecho mucho ejercicio en tu vida cotidiana, porque tus tendones y fascias aún están acortados por el sueño. Haz lo que te funcione mejor intuitivamente. Si alguna vez tienes la sensación de que ya no puedes permanecer en una posición, hazte un favor y libérala.

La práctica del yoga debe ofrecerte un valor añadido y es sumamente importante que escuches a tu propio cuerpo y no sobrepases sus límites. También puedes cerrar los ojos de vez en cuando para escucharte plenamente. Regálate un momento de atención plena. El yin yoga no es sólo una actividad deportiva, sino que debe tocarte más profundamente de un modo espiritual, que te enraíce espiritualmente.

1. mariposa sentada - Baddha Konasana

La postura llamada mariposa es un suave abridor de caderas. Suelen encontrarse en el yin yoga. Físicamente, están diseñadas para mejorar tu movilidad en las articulaciones de la cadera y contribuir a una postura saludable. Emocionalmente, en esta postura puedes dejarlo todo, marcar el pasado y simplemente dejarte llevar por tus sentimientos.

Ejecución

Siéntate en tu esterilla de yoga y junta las plantas de los pies delante de ti. La distancia entre los pies y las nalgas depende de tu cuerpo y de cómo te sientas. Ahora relaja las rodillas y déjalas caer suavemente hacia el suelo, apoyadas en la gravedad. Luego inclina la parte superior del cuerpo hacia delante y deja que la espalda se redondee. (Nota: a diferencia de otros tipos de yoga, en los que una espalda recta y una postura tensa son importantes, en el Yin Yoga puedes relajar completamente los músculos y no ejercer ninguna fuerza ni esfuerzo en los ejercicios). Ahora las manos se agarran a los pies o se apoyan en el suelo delante de ti. Las palmas miran hacia arriba. Los yoguis y yoguinis experimentados ya pueden colocar aquí los antebrazos y la cabeza sobre la esterilla. No te preocupes si todavía hay demasiada distancia aquí. Una forma de aliviar la tensión del cuello es coger una manta o similar y colocarla sobre los pies o las piernas y apoyar la cabeza en ella. Permanece en esta asana de tres a cinco minutos.

Simplemente deja pasar tus pensamientos y relaja cada músculo.

Postura igualadora

Después de soltar lentamente la postura, coloca tú ambas piernas sobre la esterilla en posición sentada y deja que las rodillas se hundan alternativamente a derecha e izquierda hacia el suelo. A este movimiento se le suele llamar en broma "limpiaparabrisas". Moviliza las caderas y siente el estiramiento que acabas de realizar. Puedes colocar las manos detrás de ti para descargar un poco la espalda.

Efectos positivos

Si practicas la mariposa sentada con regularidad, ganarás flexibilidad en las articulaciones de la cadera e incluso la postura con las piernas cruzadas, que probablemente te resulte un poco difícil al principio, se convertirá en una postura relajada en la que podrás meditar, por ejemplo. La zona lumbar y los isquiotibiales también experimentan un agradable estiramiento en esta asana. Este ejercicio es beneficioso para los problemas de vejiga y es bueno para los riñones. Mentalmente, esta postura simboliza la ligereza y la belleza, también similar a una mariposa.

2. mariposa reclinada - Supta Baddha Konasana

Una variación de la mariposa sentada es la mariposa tumbada. Para ello, túmbate boca arriba. Dobla ambas piernas y deja que las rodillas se hundan hacia fuera. Ahora deja que las plantas de los pies se toquen. Al igual que con la mariposa, la distancia entre los pies y las nalgas depende de ti. Hazlo como mejor te parezca. Si esto te resulta demasiado estiramiento al principio, puedes coger dos bloques o cojines y colocarlos bajo las rodillas o la parte externa de los muslos. Coloca las manos cómodamente sobre el bajo vientre y siente la lenta subida y bajada de la pared abdominal mientras inhalas y exhalas profunda y placenteramente. Tu cabeza descansa pesadamente en el suelo durante el ejercicio. Mantén los ojos cerrados. Permanece en esta postura de tres a cinco minutos aproximadamente. Deja que fluya tu respiración y ríndete al suave estiramiento de las articulaciones de la cadera y la ingle. La postura de equilibrio y sus efectos positivos son similares a la mariposa sentada y ya se han descrito anteriormente.

3. la postura del niño - Balasana
Ejecución

La posición inicial para este ejercicio es sentado sobre los talones. Las rodillas están separadas a la anchura de la esterilla y los dedos gordos de los pies se tocan. El dorso de los pies está plano sobre la esterilla. Ahora camina hacia delante con ambas manos, manteniendo las nalgas sobre los talones. Si tienes las rodillas sensibles, puedes utilizar una manta de lana como apoyo. Coloca la frente sobre la esterilla y transfiere el peso de tu cuerpo a la esterilla. Tu espalda está ahora completamente alargada y puede liberarse toda la tensión.

Como variación, lleva ambos brazos hacia atrás y colócalos cerca del cuerpo. Las palmas de las manos deben mirar hacia arriba. Aquí los hombros pueden hundirse bastante, mientras los omóplatos se separan. La frente también se apoya en la esterilla y simplemente sueltas todos los músculos. Esta variante es un poco más pasiva que la postura del niño descrita anteriormente, ya que también puedes influir en el estiramiento de los hombros estirando y rotando ligeramente los brazos.

Postura igualadora

Como postura sencilla de equilibrio, túmbate boca arriba y estira las piernas hacia delante. Siente las zonas del cuerpo que acabas de trabajar y permanece en esta postura hasta que estés preparado para el siguiente ejercicio de yin yoga.

Efectos positivos

Aquí se estiran suavemente los hombros y la parte baja y media de la espalda también puede prepararse para posturas dorsales más difíciles y calentarse para ellas gracias al agradable estiramiento. Esta asana también calma el corazón, ayuda a aliviar el cansancio y los dolores de cabeza y te permite relajarte de forma casi natural.

4. la Esfinge - Ardha Bhujangasana (y el Sello)
Ejecución

Túmbate en decúbito prono para este ejercicio. Ahora levanta una pierna cada vez y tira de ella hacia atrás, luego vuelve a bajarla estirada. Apóyate en los antebrazos, que deben apuntar hacia delante. Las palmas de las manos descansan sobre la esterilla y los dedos están bien separados. Los dedos centrales apuntan hacia delante, hacia el extremo corto de la esterilla. Los codos se colocan directamente debajo de los hombros, que tienden a echarse hacia atrás.

Mantén las piernas juntas y presiona suavemente el dorso de los pies contra el suelo. Mantén la cabeza alineada con la columna vertebral para aliviar la presión sobre el cuello. Ahora permanece en esta posición y asegúrate de que la parte inferior de la espalda no se tensa. Los glúteos permanecen sueltos y no se tensan.

Sin embargo, activa tu centro en esta postura y presiona ligeramente el pubis sobre la esterilla. Si quieres, también puedes practicar este ejercicio de forma más dinámica. Para ello, eleva ligeramente la parte superior del cuerpo al inhalar. Permanece así unos instantes y vuelve a bajar el cuerpo al exhalar. Repite esta secuencia unas cinco veces. Para una versión más intensa de la esfinge, empuja las manos más hacia delante y apóyate en ambas manos para crear una flexión dorsal más fuerte y un estiramiento más intenso de toda la parte delantera. Aquí debes prestar especial atención a la zona lumbar, que está sometida a una tensión extrema. Por cierto, esta postura se llama ahora la foca.

Postura igualadora

La postura del niño, descrita anteriormente, ofrece aquí un equilibrio maravilloso. Aplica presión con las manos apoyadas en la esterilla. Tómate tu tiempo, ya que la parte inferior de la espalda debe acostumbrarse primero a este contramovimiento.

Efectos positivos

Esta asana ayuda a aliviar la tensión en la parte superior de la espalda. Sin embargo, como también ejerce mucha presión sobre el abdomen, las mujeres deben evitar esta postura durante el embarazo. Aquí se estira toda la parte delantera del cuerpo y se fortalecen los músculos de la espalda y los glúteos. La Esfinge abre el corazón, te da confianza en ti misma y también alivia la ansiedad.

5. el bebé feliz - Ananda Balasana
Ejecución

Para este otro ejercicio de apertura de caderas, que suele denominarse "bebé feliz", túmbate boca arriba y flexiona las piernas. Ahora agarra los bordes exteriores de los pies con las manos desde dentro. Las plantas de los pies apuntan hacia el techo y las piernas forman un ángulo de noventa grados. Las espinillas están en posición vertical. Las rodillas apuntan hacia la esterilla y la parte inferior de la espalda descansa completamente sobre la esterilla. Los hombros están relajados y también descansan sobre la esterilla. El cuello permanece largo y la cabeza está echada hacia atrás. Ahora empuja suavemente los pies hacia las manos y, por el contrario, tira ligeramente de las piernas hacia abajo con las manos para crear un buen equilibrio.

Postura igualadora
Después de tres a cinco minutos, túmbate boca arriba y siente el ejercicio.

Efectos positivos
Aquí, las caderas se estiran intensamente, al tiempo que se calma la mente y se contrarrestan el estrés y la fatiga. En esta postura, te viene a la mente la imagen de un bebé feliz, que te sonríe en esta postura y hace que este ejercicio parezca un juego de niños.

6. el dragón - Anjaneyasana
Ejecución

Dragón es una de las posturas más activas del yin yoga. Para realizarla correctamente, empieza poniéndote a cuatro patas. Ahora lleva el pie derecho hacia delante entre las manos. La rodilla derecha está sobre el pie y no apunta hacia delante más allá de la articulación del tobillo. La rodilla izquierda posterior se desplaza un poco más hacia atrás y la vuelves a colocar sobre la esterilla. Asegúrate de que no recae demasiado peso sobre la rodilla izquierda. También puedes colocar una manta debajo para proteger la rodilla. Coloca el pie de atrás de modo que el empeine descanse sobre la esterilla. Ahora baja lenta y cuidadosamente la pelvis hacia abajo y experimenta un estiramiento en la pierna que estaba colocada hacia atrás. Puedes mantener las manos sobre la esterilla o apoyarte en la rodilla derecha. Puedes dejar la cabeza en línea con la columna o bajarla ligeramente hacia abajo. Permanece así de tres a cinco minutos y luego cambia de lado.

Variantes de la cometa

Adopta la posición descrita anteriormente, pero ahora coloca ambas manos en la parte interior del pie delantero. También puedes acercarlo un poco más al borde exterior de la esterilla y colocarlo en el borde exterior y empujar un poco la rodilla hacia fuera. Si quieres más, apóyate en los antebrazos. Además de estirar, esto también abre las caderas y la postura es un poco más intensa. Otra variante es el dragón retorcido. Para ello, apoya la mano en el lado de la pierna que está estirada hacia atrás sobre la esterilla y coloca la otra mano en la rodilla que está en el mismo lado. Ahora abre la parte superior del cuerpo hacia el lado de la pierna levantada y elige la intensidad de la torsión presionando con la mano sobre la rodilla o la parte delantera del muslo. También puedes aumentar la intensidad soltando la mano de la rodilla y estirándola verticalmente hacia arriba. Puedes volver a la posición inicial en cualquier momento.

Postura igualadora

También en este caso, la postura de equilibrio ideal es la postura del niño. Puedes adoptarla tanto después del ejercicio como antes de cambiar de lado.

Efectos positivos

Esta asana puede tener un efecto beneficioso sobre la ciática. También abre la zona de la cadera y la ingle y estira los músculos de la parte posterior de la pierna y la parte anterior del muslo. También está pensada para liberar toda la tensión y proporcionar un equilibrio general a nuestras actividades cotidianas, en su mayoría sedentarias.

7. la oruga - paschimottanasana
Ejecución

Este ejercicio comienza en posición sentada y también se conoce como flexión sentada hacia delante. Extiende ambas piernas hacia delante y asegúrate de que estás sentado firmemente en la colchoneta sobre ambas tuberosidades isquiáticas. Para ello, puedes utilizar las manos para levantar una vez cada mitad de las nalgas hacia atrás. Si te resulta incómodo o demasiado agotador, siéntate sobre una elevación, un cojín de yoga o una manta de lana enrollada. Ahora dobla ligeramente las rodillas y gira la espalda hacia delante. Para que la postura sea más cómoda, también puedes colocar una manta bajo las rodillas y apoyar la cabeza en un bloque de yoga vertical u horizontal. No necesitas tirar activamente de tu cuerpo hacia delante con las manos, sino que puedes dejar que la gravedad haga su efecto. Los músculos de las piernas siempre están relajados. Las manos quedan sueltas junto a las piernas. Las palmas miran hacia el techo. Relájate y deja que los hombros se hundan hacia abajo.

Postura igualadora

Apoya los pies en la esterilla para realizar un movimiento contrario y coloca las manos en el suelo detrás de ti. A continuación, vuelve a mover ambas rodillas alternativamente a derecha e izquierda sobre la esterilla.

Efectos positivos

La oruga estira suavemente toda la columna vertebral, lo que beneficia a toda tu postura.

8. el cisne (dormido) - Rajakapotasana
Ejecución

Para realizar la postura del cisne, también conocida como postura de la paloma, colócate en posición cuadrúpeda. Ahora coloca el pie derecho entre las manos. Mueve el pie ligeramente hacia la izquierda y apoya suavemente la rodilla y la parte inferior de la pierna derecha en el suelo. Ahora estira la pierna izquierda hacia atrás y colócala completamente en el suelo. El dorso del pie toca el suelo. Apóyate ahora en los antebrazos, que colocas sobre la esterilla delante de la rodilla derecha, e inclina toda la parte superior del cuerpo hacia el suelo.

Para la variación del cisne dormido, coloca ambos brazos en el suelo y lleva también la frente al suelo. Si decides hacer esta variación, vuelve primero a los antebrazos cuando sueltes la asana, permanece aquí unas cuantas respiraciones y luego suelta la postura.

Postura igualadora

Como postura de equilibrio, colócate en posición cuadrúpeda y mueve la columna vertebral alternativamente hacia la postura de la vaca y la del gato. Para la postura de la vaca, adopta una espalda ligeramente hundida y eleva ligeramente la mirada hacia delante. Abre las vértebras torácicas y el corazón. Para la postura del gato, haz la conocida joroba de gato y redondea la espalda todo lo que puedas. Siente cómo el ombligo tira hacia dentro y hacia arriba. Realiza este ejercicio dinámico lentamente, a tu ritmo y de forma controlada. También puedes practicar este contramovimiento antes de cambiar de lado.

Efectos positivos

Esta asana estira el flexor de la cadera, descuidado por una postura predominantemente sentada en la vida cotidiana.

9. el caracol - el arado - Halasana
Ejecución

Empieza este ejercicio tumbado y coloca un cojín bajo las nalgas. Ahora levanta las piernas hacia arriba en posición invertida. Al principio, mantén los brazos junto al cuerpo con las palmas hacia arriba, luego lleva las piernas por encima de la parte superior del cuerpo y los pies por encima de la cabeza. Ahora lleva el cojín más abajo de la espalda con las manos y vuelve a colocarlo encima. Puedes abrir ligeramente las piernas y doblarlas. Ahora puedes sujetar los pies con las manos o entrelazarlos en la parte posterior de las rodillas. Ahora la gravedad hará el resto y podrás disfrutar del estiramiento.

Respira el estiramiento de la zona lumbar y relaja los hombros. Como variación, puedes adentrarte más en la postura del arado. Para ello, lleva las piernas más atrás, de modo que los pies toquen el suelo o un cojín colocado allí. Puedes utilizar las manos para apoyar aquí la parte baja de la espalda. Baja las rodillas hacia las orejas. Quédate aquí de tres a cinco minutos aproximadamente y sal del ejercicio con atención.

Postura igualadora

Túmbate sobre la esterilla y estira las piernas. Estira

ambos brazos hacia atrás y colócalos en el suelo. Respira profundamente unas cuantas veces y siente el ejercicio de desplazamiento o arado.

Efectos positivos

Esta postura estira los músculos de las piernas, los órganos internos reciben un masaje por la compresión y se estimula el flujo sanguíneo hacia el corazón. Se libera cualquier bloqueo de la columna vertebral y el ejercicio tiene un efecto armonizador sobre la glándula tiroides.

10. la silla de montar - Supta Vajrasana
Ejecución

Empieza este ejercicio en posición cuadrúpeda. Ahora abre la parte inferior de las piernas un poco más que la anchura de las caderas y baja con cuidado hacia atrás. Este ejercicio es muy intenso para las rodillas y los muslos. Si ya notas una sensación de tirón aquí, coloca una manta sobre la esterilla en la que estás sentado. A continuación, lleva los brazos a la espalda y apóyate en el suelo mientras te tumbas lenta y cuidadosamente hacia atrás. También puedes utilizar cojines o mantas para reducir la distancia al suelo y que te resulte más fácil tumbarte.

Una variante de la silla de montar es la media silla de montar. Para ello, extiende una pierna hacia delante y luego túmbate hacia atrás. Después de permanecer en esta posición, cambia el lado de la pierna extendida como si nada.

Postura igualadora

Para mantener el equilibrio, túmbate boca arriba sin cojines y coloca los pies en el suelo. De nuevo, mueve ambas rodillas sincronizadas alternativamente a izquierda y derecha. Disfruta de la liberación de esta postura intensa y siéntelo por ti mismo.

Efectos positivos

La silla abre la columna lumbar y estira los flexores de la cadera y los músculos de los muslos. Esta postura es especialmente buena para las personas que están de pie y caminan mucho en la vida cotidiana.

11. el ciervo - Jathara Parivartanasana
Ejecución

Siéntate en la esterilla con los pies delante de ti. Ahora baja ambas rodillas hacia la derecha. Coloca la espinilla derecha de modo que quede paralela al borde delantero de la esterilla. La pierna izquierda está doblada hacia atrás. Ahora gira hacia la derecha con la columna vertebral estirada hacia arriba. La mano izquierda sujeta la rodilla derecha y la derecha se coloca suelta en el suelo, detrás de la espalda. Cada vez que inhalas, te vuelves un poco más alto y te enderezas más. Con cada espiración, gira un poco más hacia la derecha. La barbilla permanece por encima del esternón todo el tiempo y no se gira más hacia dentro que la parte superior del cuerpo.

Esta asana también puede intensificarse. Para ello, coloca la parte superior del cuerpo sobre la esterilla o sobre una manta de lana doblada hacia la derecha. Coloca también la frente en el suelo. También puedes aumentar el estiramiento aquí llevando la pierna de atrás más atrás.

Postura igualadora
También recomendamos alternar la rotación de las rodillas, es decir, los limpiaparabrisas, mientras estás sentado en la esterilla y tienes colocados los pies y las manos.

Efectos positivos
La rotación de la parte superior del cuerpo facilita la digestión y también se dice que esta postura alivia los

síntomas generales de la menopausia.

12. el plátano - Bananasana
Ejecución

Túmbate boca arriba y estira las piernas sobre la esterilla. Coge ambas manos por detrás y estíralas también. Ahora mueve todo el cuerpo con las piernas cerradas cerca del borde derecho de la esterilla. Ahora mueve la parte superior del cuerpo y ambos brazos hacia la izquierda, de modo que tu cuerpo adopte la forma de media luna o plátano sobre la esterilla. A continuación, agarra la muñeca derecha con la mano izquierda para estirarte aún más de forma controlada. Ahora respira hacia el lado derecho de tu cuerpo, que experimentará un agradable estiramiento. Después de unos tres o cinco minutos, cambia de lado.

Postura igualadora

Antes de cambiar de lado y después del ejercicio, simplemente túmbate boca arriba durante unas respiraciones y siente la torsión y el estiramiento.

Efectos positivos

La banana, también conocida como media luna cuando está de pie, abre las conexiones fasciales laterales y tiene un efecto extremadamente calmante y equilibrante.

13. el ojo de la aguja - Sucirandhrasana
Ejecución

Esta asana también comienza en posición supina. Coloca ambos pies en el suelo. Ahora coloca el tobillo derecho sobre la rodilla izquierda. Luego agarra el muslo izquierdo con ambas manos y tira suavemente de él hacia ti. El brazo derecho llega hasta aquí como a través del ojo de una aguja, de ahí el nombre de esta postura. Si has levantado la parte superior del cuerpo para agarrar el muslo, vuelve a bajarlo lentamente hasta el suelo. También aquí puedes controlar tú mismo la intensidad tirando más o menos del muslo izquierdo hacia el esternón. También puedes utilizar el brazo derecho para empujar la rodilla derecha más hacia fuera, alejándola de ti. Si tienes mucha práctica en esta postura y quieres más, también puedes agarrarte la espinilla derecha en lugar del muslo. Permanece en esta posición de tres a cinco minutos y luego cambia de lado.

Postura igualadora

De nuevo, permanece tumbado recto sobre la esterilla antes de cambiar de lado y después del ejercicio. También puedes estirar los brazos por detrás de la cabeza y estirarte o poner los pies en alto durante unos instantes y elevar las caderas para formar un puente. Mueve tu cuerpo intuitivamente y haz lo que te haga sentir bien.

Efectos positivos

El ojo de la aguja estira las caderas y los músculos glúteos.

14. el cordón del zapato - Gomukhasana
Ejecución

Ponte en posición cuadrúpeda. Desde ahí, coloca la rodilla derecha entre las dos manos sobre la esterilla. Ahora pasa la pierna izquierda por encima de la derecha. Ahora abre ambas piernas y coloca las nalgas en el suelo entre las piernas. Dobla ahora toda la parte superior del cuerpo hacia delante y apóyala sobre las piernas. Redondea la espalda y deja que la cabeza cuelgue relajada. Coloca las manos sobre la esterilla, delante de las piernas. Como variante, también puedes colocar las manos sobre las rodillas y apoyar la frente sobre las manos o sobre un cojín adicional o una manta de lana. Permanece en esta postura de tres a cinco minutos aproximadamente, vuelve a la posición de equilibrio y luego cambia de lado.

Postura igualadora

Como simple postura de equilibrio para la asana conocida como cara de vaca en otros tipos de yoga, túmbate boca arriba y siente el intenso estiramiento.

Efectos positivos

Esta postura activa los músculos glúteos laterales y relaja la región lumbar. También estimula los órganos internos: vesícula biliar, hígado y riñones.

15. la rana - Bhekasana
Ejecución

Para realizar esta asana, coloca una manta de lana doblada longitudinalmente sobre la esterilla para amortiguar las rodillas. Luego ponte en posición cuadrúpeda y desliza las rodillas lo más separadas posible sobre la manta. Al mismo tiempo, estira los brazos hacia delante a lo largo del suelo. Empieza manteniendo los pies juntos y las nalgas entre las piernas. En cuanto sientas el estiramiento en la cara interna de los muslos, puedes separar más los pies. Ahora baja un poco más la parte superior del cuerpo y encuéntrate en la intensa postura de la rana.

Postura igualadora

La postura del niño es aquí el contramovimiento. Aquí las piernas están cerradas, así que lleva las rodillas hacia atrás. Siente la posición de la rana y respira profundamente unas cuantas veces.

Efectos positivos

Esta asana abre intensamente el interior de las piernas y puede ayudar a armonizar los estados de ánimo emocionales e impulsivos. También estimula el estómago, el bazo y los riñones.

16. la sentada de puntillas - Vadrasana
Ejecución

La posición inicial es de nuevo la posición cuadrúpeda. Coloca los dedos de ambos pies en el suelo y empieza a estirar lentamente la parte superior del cuerpo para sentarte con las nalgas cuidadosamente sobre los talones. Este estiramiento desacostumbrado en los dedos de los pies puede ser bastante intenso. Llega sólo hasta donde puedas aguantar unos minutos.

Postura igualadora

Levanta las nalgas y vuelve a inclinar gradualmente los dedos de los pies, de modo que el dorso de los pies quede plano sobre la esterilla. Ahora vuelve a sentarte lentamente sobre los talones. ¿No te sientes bien? Recorre la asana que acabas de realizar durante unas cuantas respiraciones.

Efectos positivos

En los pies convergen una serie de fascias que se estimulan con esta postura. Los pies y los dedos de los pies también se aflojan y, según los seguidores del Tao Yoga, "una persona con los dedos de los pies abiertos también tiene la mente abierta".

17 Libélula - Upavishta Konasana
Ejecución

Esta postura comienza en posición sentada. Vuelve a colocar una manta doblada bajo las nalgas para que puedas sentarte más erguido. A continuación, ponte a horcajadas sobre las piernas todo lo que puedas e inclina la parte superior del cuerpo hacia delante. Si el estiramiento no es suficiente para ti, intenta primero colocar los antebrazos paralelos a la parte delantera y luego, posiblemente, incluso la frente en el suelo.

Como variante, también puedes practicar la libélula en la pared. Para ello, necesitas una superficie de pared que no sea tan fría y lo suficientemente ancha para estirar las piernas. Coloca la esterilla de yoga a lo largo contra la pared en ángulo recto. Esto significa que el lado corto de la esterilla de yoga está contra la pared. Ahora siéntate de lado contra la pared y túmbate boca arriba. A continuación, levanta las piernas contra la pared y mueve las nalgas hasta apoyarlas contra la pared. Mantén los pies cerrados y alinea de nuevo el cuerpo en línea recta. Apoya los brazos cómodamente en el suelo o en la parte inferior del vientre.

Al exhalar, deja que tus piernas se deslicen hacia abajo por la pared, estiradas y separadas. Hazlo despacio y con cuidado. Ahora relájate en la posición en la que puedas permanecer más tiempo y respira profundamente en este abridor de caderas. Quédate aquí un total de tres a cinco minutos y observa que tu postura a horcajadas se hace cada vez más profunda por sí sola con el tiempo. Recarga las pilas con este ejercicio y tómate tu tiempo para liberar la posición.

Postura igualadora

Sigue este maravilloso ejercicio en la sencilla posición supina durante unas cuantas respiraciones. Después de la libélula en la pared, también puedes poner los pies en alto y dejar que las rodillas se hundan alternativamente a izquierda y derecha. Esta pequeña movilización de las articulaciones de la cadera debe realizarse con suavidad, ya que la postura a horcajadas es un estiramiento intenso.

Efectos positivos

La libélula abre las caderas y la ingle y estira la cara interna de los muslos. Estimula el hígado, los riñones y la vejiga y libera mucha energía.

18. la apertura del corazón - Anahatasana
Ejecución

Empieza en posición cuadrúpeda. Estira los brazos hacia delante y coloca ambas palmas en el suelo. Luego baja la parte superior del cuerpo y apoya la frente en la esterilla. Mantén las caderas por encima de las rodillas. Si no puedes alcanzar el suelo con la frente, puedes colocarla sobre las palmas de las manos o sobre los puños apilados. Esto reducirá de nuevo la distancia al suelo. Colócate en una postura que te resulte cómoda y factible y permanece en ella de tres a cinco minutos. Respira profundamente y baja la parte superior del cuerpo un poco más con cada exhalación. Para una versión retorcida del abridor de corazón, estira el brazo derecho hacia delante y pasa el brazo izquierdo muy por debajo de la axila derecha. Luego apoya el brazo izquierdo en el suelo, con la palma hacia arriba, y la cabeza en la sien izquierda de la esterilla.

Postura igualadora

Antes de cambiar de lado y después del ejercicio, conviene adoptar la postura del niño para compensar. Para ello, coloca los brazos hacia atrás, junto al cuerpo, con las palmas hacia arriba. La espalda puede redondearse aquí y hacer un movimiento contrario al ejercicio que acabas de realizar.

Efectos positivos

La apertura del corazón estira los hombros y tiene un efecto equilibrante en la zona del corazón. Es una suave flexión dorsal para la zona media y baja de la espalda y calienta suavemente.

19. el puente (apoyado) sobre los hombros - Setu Bandha Sarvangasana
Ejecución

Empieza esta asana tumbado boca arriba. Coloca los pies separados a la anchura de las caderas sobre la esterilla. Acerca los talones lo más posible a las nalgas. Los brazos quedan a los lados del cuerpo. Presiona firmemente los pies contra el suelo y levanta lentamente la pelvis. Rueda hacia arriba vértebra a vértebra. Quédate aquí y mantén la pelvis lo más alta posible. Al mismo tiempo, presiona los brazos contra el suelo. Sin embargo, las rodillas no deben mantenerse separadas, sino juntas enérgicamente.

Como variación, junta las manos bajo las nalgas y estira los brazos hacia delante. Junta los omóplatos y acerca los brazos, de modo que te apoyes en los hombros en lugar de en toda la espalda. Mantén la pelvis en la posición más alta en todo momento. Los glúteos permanecen relajados y el cuello largo. Permanece así de tres a cinco minutos y luego levanta los talones del suelo y vuelve a rodar sobre la esterilla, vértebra a vértebra.

Postura igualadora

Para equilibrarte, túmbate boca arriba y siente el estiramiento anterior durante unas cuantas respiraciones.

Efectos positivos

Toda la parte delantera del cuerpo se estira y la columna vertebral se vuelve más flexible. Este maravilloso giro hacia atrás abre el corazón y actúa como un eficaz potenciador del estado de ánimo al estirar la columna torácica y la caja torácica.

20 El Camello - Ustrasana
Ejecución

Arrodíllate en la esterilla para hacer la postura del camello. La parte superior e inferior de las piernas están cerradas y los pies se tocan entre sí. El dorso de los pies está plano sobre la esterilla. Ahora coloca las palmas de las manos sobre el sacro y empuja las caderas hacia delante. Protege la parte inferior de la espalda tensando los músculos abdominales. Con cada inhalación, estira la longitud de la columna vertebral y, con cada exhalación, inclina suavemente la parte superior del cuerpo hacia atrás para abrir las vértebras torácicas. En cuanto seas capaz de realizar este estiramiento, coloca las ma-

nos sobre los talones, una tras otra. Para facilitar y a-
cortar el estiramiento, puedes poner los dedos de los
pies hacia arriba para que sea más fácil alcanzarlos con
las manos. La cabeza permanece en línea con la columna vertebral y no se estira demasiado hacia atrás.

Postura igualadora

Túmbate boca arriba como contramovimiento y flexiona ambas piernas. Agárrate las rodillas con ambas
manos y balancéate suavemente sobre la parte baja de
la espalda de un lado a otro o haz pequeños movimientos circulares, y luego cambia el sentido de giro.

Efectos positivos

Como versión de la flexión dorsal, el camello estira y
fortalece la columna vertebral y los músculos de la
espalda, lo que puede aliviar y prevenir el dolor de
espalda. Esta postura tan abierta también libera tensiones, estimula los órganos abdominales y reduce el estrés.

21 Cola de gato - Marjarasana
Ejecución

Empieza aquí tumbándote sobre el lado derecho. Puedes apoyar la cabeza en la mano del brazo derecho apoyado o en la parte superior del brazo. Lo que te resulte más cómodo. Lleva la pierna izquierda hacia delante y colócala en ángulo sobre la esterilla. Dobla la pierna derecha hacia atrás y agarra el pie derecho con la mano izquierda. Empuja el hombro izquierdo un poco más hacia atrás, de modo que formes un giro cómodo. Ahora permanece en la suave torsión de la cola de gato de tres a cinco minutos.

Postura igualadora

Antes de cambiar de lado y después del ejercicio, estira los brazos y las piernas durante un buen rato para volver a alinear la columna vertebral. Siéntete bien y respira profundamente.

Efectos positivos

Esta asana estira los músculos de la parte anterior del muslo y los flexores de la cadera, por lo que es un buen contramovimiento para la inclinación hacia delante o una postura predominantemente sentada en la vida cotidiana.

22. el cuadrado - Samachaturasana
Ejecución

Para la postura del cuadrado, siéntate en una posición con las piernas cruzadas que te resulte cómoda. Tus pies pueden estar uno encima del otro o uno detrás del otro sobre la esterilla. Ahora estírate hacia arriba y alarga la columna vertebral. Ahora camina hacia delante sobre la esterilla con ambas manos y coloca los antebrazos paralelos entre sí. Si es posible, apoya la frente en la esterilla o en un cojín. Mantén la espalda recta durante el ejercicio.

Postura igualadora

Como contramovimiento, túmbate boca arriba y apoya los pies en el suelo. Ahora baja ambas rodillas alternativamente hacia el lado izquierdo y el derecho. Esto moviliza la articulación de la cadera y le devuelve el equilibrio.

Efectos positivos

El cuadrado estira toda la espalda y la zona de los hombros. Abre las caderas y la ingle y te da nueva energía.

23 Sentadilla - Malasana
Ejecución

Esta asana comienza excepcionalmente en posición de pie. Abre los pies a la anchura de las caderas, con los dedos ligeramente hacia fuera y los talones más hacia dentro. Ahora dobla las rodillas para ponerte en cuclillas. Si aquí levantas los talones del suelo, puedes colocar una manta debajo de ellos como apoyo. Ahora coloca ambas manos en posición de oración frente al corazón, es decir, con las palmas enfrentadas y las puntas de los dedos apuntando hacia arriba, y presiona suavemente los codos contra la cara interna de los muslos. Esto te permite determinar tú mismo la intensidad y ajustarla a tus necesidades durante el ejercicio. Ahora levanta el pecho y echa los hombros hacia atrás, de modo que la espalda quede recta. Esto te permite saborear la anchura de la parte delantera de la parte superior del cuerpo y permanecer en la posición en cuclillas de tres a cinco minutos.

Postura igualadora

Para compensar este ejercicio de apertura de caderas, túmbate boca arriba y coloca los pies separados a la anchura de la esterilla. Ahora deja caer ambas rodillas

una hacia la otra en forma de X y respira profundamente unas cuantas veces.

Efectos positivos

Esta postura fortalece los músculos de la espinilla
delantera y abre la zona de la cadera y la ingle. Esto
mejora tu equilibrio y Malasana también tiene un
efecto estabilizador y calmante sobre la mente.

24 El cocodrilo - Makarasana
Ejecución

Empieza esta postura tumbado boca arriba. Coloca los
brazos planos y estirados en el suelo en ángulo recto
con el cuerpo, a la altura de los hombros. Las palmas
de las manos tocan el suelo. Ahora coloca ambos pies
sobre la esterilla y baja ambas piernas hacia la derecha.
Aquí las piernas permanecen cerradas. Intenta mantener el hombro izquierdo y la rodilla derecha en el suelo.
Para intensificar el giro, mira hacia la izquierda, hacia
tu mano izquierda. En esta postura, presta atención a
la parte baja de la espalda, que aquí recibe una atención
especial. Permanece en esta asana de tres a cinco minutos y respira profundamente.

Como variación, ahora también puedes estirar la

pierna de arriba para aumentar el estiramiento. El ejercicio también puede adaptarse colocando la mano contraria sobre la pierna o la rodilla y dejándote ayudar sólo por la gravedad o empujándola suavemente hacia el suelo.

Postura igualadora

Estira ambas piernas y coloca los brazos cerca del cuerpo. Siente la torsión en la posición supina simple y luego cambia de lado. Este ejercicio suele ir seguido de la postura de reposo final, Shavasana, para terminar la práctica de yoga.

Efectos positivos

Este ejercicio de torsión intensiva estimula la desintoxicación del cuerpo. También libera tensiones y mantiene flexible la columna vertebral. Esta asana calma el sistema nervioso y a menudo se realiza hacia el final de una sesión de yin yoga para concluirla suavemente. El estrés se reduce y la paz y la fuerza pueden entrar en la mente.

25 La postura de relajación de la espalda - Shavasana

Los yoguis y las yoguinis terminan cada una de sus sesiones de yoga con esta asana, que se traduce literalmente del sánscrito como postura de la muerte. Por lo tanto, no es una postura puramente de yin yoga, sino más bien una postura final habitual en todos los tipos de yoga para terminar la práctica del yoga. En esta relajación final, la energía que se ha activado con los ejercicios anteriores se distribuye por todo el cuerpo y éste llega a un descanso final y a un estado de relajación absoluta.

Ejecución

Túmbate boca arriba en Shavasana. Para estirar la parte baja de la espalda, coloca primero ambos pies sobre la esterilla. Ahora levanta brevemente los glúteos y muévelos todo lo posible hacia los pies para volver a bajarlos.

La columna lumbar ha alcanzado ahora su máxima longitud. A continuación, vuelve a colocar ambas piernas en el suelo, a la anchura de una esterilla. Levanta las piernas una tras otra durante un momento y estíralas alejándolas de ti, primero los talones, y luego vuelve a bajarlas. Deja que los pies caigan sueltos hacia fuera. Para abrir el pecho, tira una vez de los omóplatos uno hacia otro y luego relaja toda la zona de los hombros.

Estira también los brazos uno tras otro hacia los pies y colócalos no demasiado cerca, sino junto al cuerpo. Las palmas de las manos deben mirar hacia arriba. Ahora gira la cabeza lenta y cuidadosamente de izquierda a derecha y de derecha a izquierda unas cuantas veces. Cuando la hayas centrado de nuevo y hayas llevado la barbilla ligeramente hacia el pecho para alargar el cuello, toda tu columna estará en línea con el suelo. Si tienes problemas con la zona lumbar, puedes colocar los pies a la anchura de una esterilla y dejar que las rodillas caigan una hacia otra en forma de X.

Esta descripción es bastante larga por el hecho de que acabas simplemente "tumbado boca arriba", pero la colocación consciente y correcta de cada una de las partes del cuerpo es relevante y apoya esta postura, a través de la cual alcanzarás la relajación pura.

Ahora suéltalo todo. Cierra los ojos. Con cada respiración, suelta más peso sobre el suelo y siéntete cada vez más pesado. Siente cómo tu cuerpo toca el suelo con la mayor superficie posible y te enraíza en la esterilla. Luego deja que tu respiración fluya y vaya y venga de forma natural, sin pensar en ello. Del mismo modo, tus pensamientos simplemente pasan y toda la presión y la tensión se alejan de ti. Puedes permanecer en esta maravillosa postura hasta diez minutos. Si sientes que quieres salir de Shavasana, hazlo suavemente. Empieza por volver a inspirar y espirar profundamente de forma consciente. Empieza a mover los dedos y las manos, los dedos de los pies y los pies.

Haz movimientos circulares y, por último, estira los brazos y las piernas y estírate. Aquí todo está permitido y haz los movimientos que intuitivamente te hagan sentir bien. A continuación, ponte en posición sentada -preferiblemente con los ojos cerrados-, preferiblemente sentada con las piernas cruzadas.

Una vez más, levanta con fuerza ambos brazos por encima de los costados. Junta las palmas de las manos por encima de la cabeza y adopta esta postura de oración hacia delante, frente al corazón. Agradécete a ti mismo y a tu cuerpo esta maravillosa práctica de yoga que acabas de completar y siente la energía en tu cuerpo, mente y alma.

FLUJO DE YIN YOGA

Una secuencia de yoga suele dividirse en tres fases. Comienza con una breve llegada a la esterilla. Esto significa que colocas la esterilla de yoga y los utensilios que puedas necesitar al alcance de la mano y desconectas cualquier distracción externa. A continuación, siéntate con las piernas cruzadas y levanta con fuerza ambas manos sobre los costados.

Inspira profundamente y lleva las manos hacia abajo, delante del corazón, en posición de oración, mientras espiras. Esta puede ser una forma estupenda de empezar una sesión de yoga y te permite centrarte en ti mismo y en tu cuerpo. También puedes empezar bloqueando el estrés de la vida cotidiana tumbándote boca arriba durante unos minutos y cerrando los ojos.

A continuación viene la parte principal, en la que se practican determinadas asanas. La secuencia depende de ti o puede tomarse de un plan predeterminado. Esta parte ocupa la mayor parte del tiempo, pero no siempre tiene que durar hasta una hora para tener éxito. Incluso unos pocos ejercicios y un tiempo de práctica más corto tienen efecto, sobre todo en el equilibrio, porque te has tomado activamente un tiempo sólo para ti. Las sesiones de yin yoga también pueden durar hasta dos horas porque, como has aprendido, las asanas individuales se mantienen durante unos minutos y una postura de equilibrio entre ellas también lleva su tiempo. Por tanto, eres libre de organizar tu tiempo como desees y puedes llevar a cabo tu práctica de yoga de forma flexible todos los días. Al final, la relajación final, Shavasana, te lleva a la relajación completa y distribuye por todo el cuerpo la energía espiritual y física obtenida con las asanas. Te guiaremos de vuelta a la vida cotidiana y pondremos fin a tu práctica de yoga por hoy. ¡Por que vuelvas pronto a tu esterilla!

EJEMPLO DE SECUENCIA Y HÁBITO DE YIN YOGA

Lo que sigue es un ejemplo de una secuencia completa de yoga.

Ahora que ya te has familiarizado con las distintas asanas del yin yoga, aquí tienes un posible flujo de yin yoga, es decir, una secuencia de asanas que pueden practicarse una tras otra. Básicamente, las asanas individuales son bloques de construcción que pueden formar una unidad de yoga en cualquier orden. Como abordan y estimulan distintas regiones del cuerpo y también tienen distintos efectos sobre la mente, puedes elegirlas en función de la situación y de tu estado de ánimo actual o de la zona de tu cuerpo que necesite un poco más de atención en ese momento. También puedes averiguarlo practicando la atención plena en general y escuchando a tu cuerpo. Lo mejor es que leas la secuencia de asanas y luego repases cómo realizarlas correctamente para obtener los mejores resultados posibles y la relajación más profunda de esta secuencia de yin yoga. A continuación, tómate tu tiempo y lleva las herramientas que necesites al alcance de la mano y llega a la esterilla. A continuación, empieza a practicar las asanas en secuencia.

Secuencia de yin yoga:
1. El abridor de corazones
2. Los ciervos (derecha e izquierda)
3. La libélula
4. El dragón (derecha e izquierda)
5. El plátano (derecha e izquierda)
6. La Esfinge
7. La postura del niño
8. Shavasana

Después, date las gracias por dedicar tiempo a hacer algo bueno para tu cuerpo y tu mente. ¿Cómo fue tu primera práctica de yin yoga? ¿No es maravillosamente enraizante y energizante al mismo tiempo prestar tanta atención a tu cuerpo y estirar y sentir zonas que a menudo se descuidan en la vida cotidiana? ¿Qué tal un hábito diario? Dependiendo de cómo sea tu rutina diaria, puedes empezar una práctica regular de yin yoga por la mañana después de levantarte o por la noche antes de acostarte, o incluso como pausa para comer en la oficina de tu casa, que -según estudios científicos- se convertirá en un hábito al cabo de 66 días como máximo. Es probable que incluso te falte algo si no tienes tiempo o no te apetece moverte sobre la esterilla de yoga.

Todo es uno - y el uno es eterno

El yoga como inmersión espiritual en uno mismo. Llegar completamente contigo mismo. Estar en el momento. Bloquear todo lo que te rodea y centrarte en tu propio cuerpo, mente y alma. ¿Suena demasiado bueno para ser verdad o para convertirse en realidad? Sin embargo, este estado puede aprenderse. Practicando yin yoga con regularidad, puedes acercarte mucho más a él y, si te comprometes, puedes incluso alcanzarlo. Todo es uno, y el uno es eterno. Estas palabras pretenden motivarte para que practiques diversas asanas y crees así tu propia sesión personal de Yin Yoga. Al principio de tu práctica de yoga, puede ocurrir, por supuesto, que las asanas de yoga descritas anteriormente no puedan realizarse todas a la perfección de inmediato o que el deseo de realizar una actividad física desaparezca rápidamente. Pero recuerda: todavía no ha caído ningún maestro del cielo.

Esto requiere paciencia y serenidad, así como la voluntad de hacer algo bueno por ti mismo. Dedícate tiempo a ti mismo y a tu cuerpo y descubrirás rápidamente el efecto positivo que la práctica del yoga tiene en tu vida cotidiana.

Simplemente deja de lado el mundo exterior durante el tiempo que necesites y céntrate en ti misma y en tu interior. Esto te ayudará a relajarte y a reducir el estrés y las preocupaciones que te rodean.

Puedes seguir aceptando y practicando las ayudas enumeradas al principio, como los baños relajantes, la lectura de libros, los tés calmantes, la lavanda, los paseos y la respiración profunda. Respirar profundamente, en particular, es muy parecido a practicar Yin Yoga. Sin embargo, ya no la necesitarás del todo para calmarte y enraizar la mente, ya que esto ocurrirá automáticamente como efecto secundario positivo una vez que hayas establecido una práctica regular de yoga.

La fuerza reside en la tranquilidad. Date tiempo para sumergirte en este nuevo mundo y sentir el éxito en tu propio cuerpo y mente.

Con esto en mente: mantente relajado en todo momento.